Opzioni Binarie:

Guida passo passo per fare soldi dal trading dell'indice di volatilità

di

Richard Lee

NOTE LEGALI

DIRITTO D'AUTORE

Tutti i diritti riservati. Nessuna parte di questo libro può essere riprodotta in alcuna forma, elettronica o meccanica, incluse fotocopie, registrazioni o qualsiasi sistema di archiviazione o recupero di informazioni o ridistribuita senza l'espressa autorizzazione scritta dell'autore. Questo libro non può essere venduto in nessuna circostanza; hai solo diritti personali su questo libro.

NEGAZIONE

Utilizzando le informazioni contenute in questo libro accetti che si tratti di materiale di carattere generale e che non sarai ritenuto responsabile per perdite o danni derivanti dai contenuti forniti qui dall'autore
Si prega di notare che il trading e gli scambi binari in altri prodotti con leva finanziaria implicano un livello significativo di rischio e non è adatto a tutti gli investitori. Prima di intraprendere qualsiasi transazione di questo tipo, è necessario assicurarsi di comprendere appieno i rischi e di richiedere una consulenza indipendente, se necessario. Qualsiasi opinione o altra informazione contenuta in questo libro è fornita per scopi educativi generali e non costituisce un consiglio di investimento.

Copyright © 2018 Richard Lee
Tutti i diritti riservati.

Sommario

NOTE LEGALI 1

Sommario 2

Introduzione 4

CAPITOLO PRIMO 6

    Introduzione al trading di opzioni binarie 6

    CAPITOLO DUE 9

    Come fare trading Rise / Fall 9

    Strategia di worm grafica Sniper 9

    Regole di questa strategia 10

    Gestione del denaro 13

CAPITOLO TRE 15

Come fare trading Touch / No Touch 15

    La piattaforma di trading 21

    Non tocchi strategia commerciale 22

    MERCATO DELL'ORSO 23

    La strategia dei canali di Keltner 24

    Come fare trading sui canali di Keltner 24

    La strategia di frontiera superiore 25

    La strategia della banda central 27

    Up / Down (Rise / Fall) Strategia 28

    Moving Average 50 Strategy (La linea rossa) 30

    MERCATO IN RIALZO 31

    Keltner Channel Strategy 31

    Strategia Moving Average 20 (La linea nera) 33

- Moving Average 50 Strategy (La linea rossa) 34
- Gestione del denaro 36

CAPITOLO QUATTRO 37
- Come fare trading Digits Matches 37
- Digits Matches Strategy 38
- Procedura 40
- Il numero segreto 41
- Regole della strategia 43

CAPITOLO CINQUE 45
Conclusione 45

Introduzione

Grazie per aver acquistato questo libro. Il mio obiettivo ultimo di scrivere un altro libro nella serie Teach Yourself è di aiutarti a scambiare e guadagnare con le Opzioni Binarie. Non è necessario pagare a qualcuno una quantità enorme prima di poter imparare a negoziare soprattutto le Opzioni Binarie.

Sto condividendo con voi qui la mia ricchezza di esperienze e strategie nel trading che spero possano essere di aiuto anche a voi.

Si noti che al momento della stesura di questo libro, alcune funzionalità della piattaforma binaria potrebbero essere state modificate, ma i principi rimangono gli stessi.

Tutto ciò che devi fare è seguire letteralmente tutti i principi e le strategie delineati in questo libro e ti verrà garantito un rapporto di vincita elevato che si traduca in un ritorno sull'investimento (ROI) molto sorprendente.

Fai attenzione che il trading non è uno schema per diventare ricchi presto. Puoi effettivamente commerciare e guadagnarti da vivere se rispetti certe regole e alcuni principi che lo guidano. Sto condividendo con te diverse strategie che ti aiuteranno a farlo.

Spero che la lettura di questo libro non si traduca solo nell'equiparti delle tue conoscenze, ma ti aiuti anche a fare soldi nel tuo business.

Spero che non solo tu possa leggere ma anche applicare le conoscenze che hai appreso in questo libro. È allora che arriverà la tua fortuna commerciale.

Ho grande fiducia che ciò che imparerai ti aiuterà a fare soldi con le Opzioni Binarie.

Buona lettura.
Richard Lee

CAPITOLO PRIMO

Introduzione al trading di opzioni binarie

Le opzioni binarie sono anche chiamate opzioni tutto-o-niente. Come trader di opzioni binarie, hai due posizioni per decidere se il valore di una risorsa salirà o scenderà per un determinato periodo di tempo? A seconda del risultato commerciale, il pagamento è una percentuale predeterminata o nulla.

Ad esempio, se un trader anticipa che il valore di EURUSD sarà apprezzato in un determinato periodo di tempo, ed è corretto, allora profitterà un importo fisso. Se il valore di EURUSD diminuisce, il trader perde l'intero ammontare dell'investimento. Non importa se l'attivo supera il prezzo originale di 1 punto o 50 punti, il pagamento è lo stesso.

Il binario è più semplice da scambiare con il Forex. Non è necessario conoscere troppi dettagli tecnici per scambiare le opzioni binarie a differenza del Forex. A parte questo, le Opzioni Binarie sono a termine più breve, a volte anche più veloci di soli 60 secondi, consentendo scambi ripetuti e successi. Inoltre, consente agli investitori di sfruttare le tendenze del mercato sia rialzista (rialzista) che ribassista (al ribasso).

Il trading stesso è semplice. Una volta aperto il tuo account, vai alla piattaforma di trading. Seleziona la risorsa che desideri negoziare, il tempo di scadenza, se il valore salirà (opzione Call) o diminuirà (opzione Put), quindi inserisci l'importo che desideri investire. Hai il controllo del tuo investimento in ogni fase. Al momento della scadenza, il pagamento impostato verrà automaticamente aggiunto al tuo account se l'operazione è stata effettuata correttamente o l'importo dell'investimento è stato detratto in caso contrario.

Mentre la maggior parte dei broker là fuori fornisce solo opzioni per gli operatori di trading in valuta o materie prime o azioni e indici, c'è un altro aspetto delle Opzioni Binarie che binary.com offre ai suoi clienti per fare soldi. Questo è l'indice di volatilità.

Il trading sull'indice di volatilità è un aspetto del trading di opzioni binarie negoziato sulla piattaforma di Binary.com. È più stabile rispetto alla valuta e non è soggetto alle notizie come fa la maggior parte delle coppie. Gli indici di volatilità hanno molti strumenti da negoziare come l'indice Volatility 10, l'indice Volatility 25, l'indice Volatility 50, l'indice Volatility 75, l'indice Volatility 100 e il mercato Bear and Bull. Si prega di vedere l'immagine qui sotto.

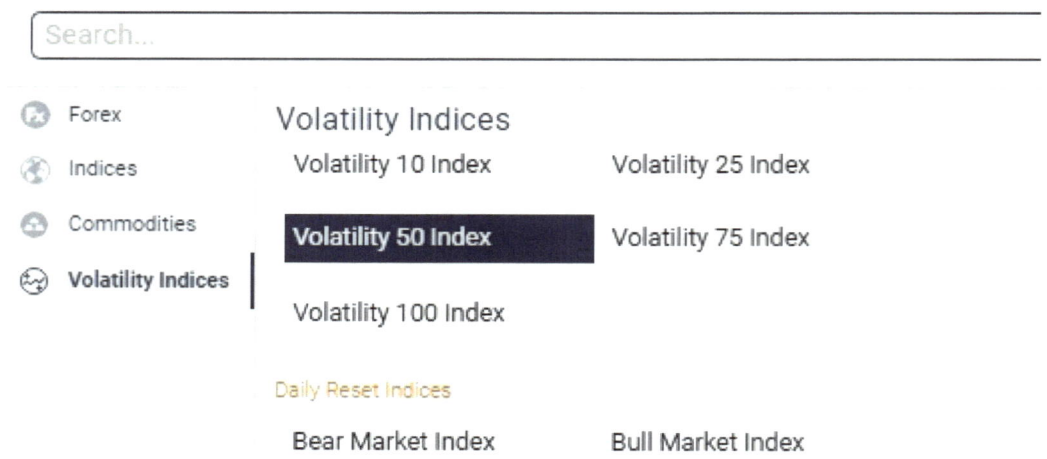

Ci sono diverse opzioni da negoziare sotto ciascun indice di volatilità. Abbiamo Su / Giù (salita / discesa, alto / basso) Touch / No Touch, In / Out, Cifre, Asiatici e Lookbacks ecc. Vedi l'immagine qui sotto,

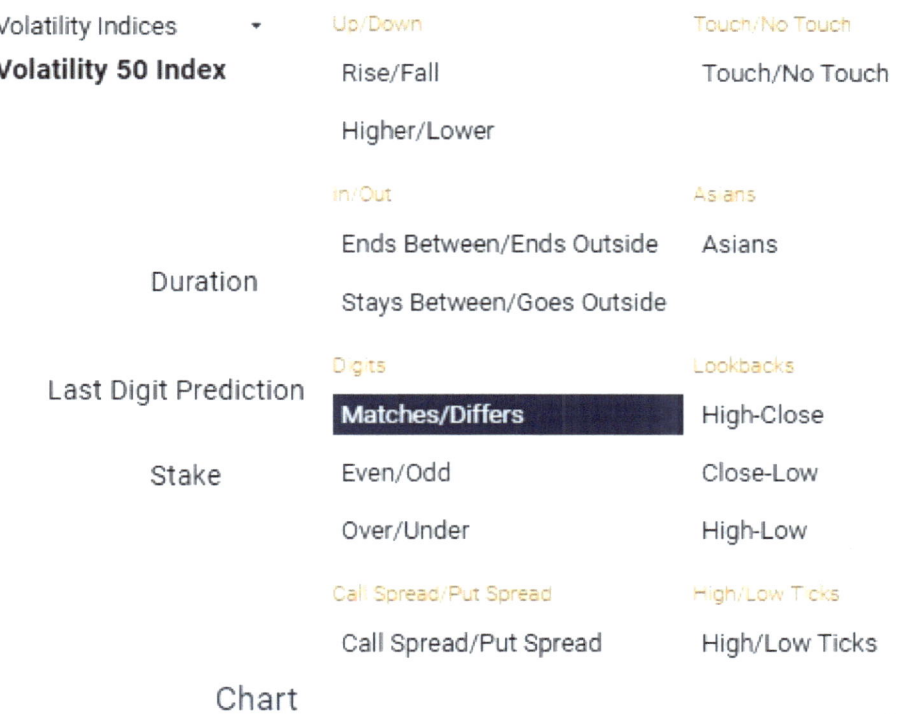

Potrebbe essere necessario aprire ciascun indice individualmente perché non è possibile trovare corrispondenze digitali in alcuni mercati come Bear e Bull. Allo stesso tempo, è solo per darvi un'idea di diverse opzioni di trading sotto Indici di volatilità.

In questo libro, ti mostrerò passo dopo passo come puoi fare trading su UP / Down (Rise / Fall), Digit Matches e Touch / No Touch.

CAPITOLO DUE

Come fare trading Rise / Fall

Strategia di worm grafica Sniper

Lasciatemi spiegare come negoziare l'indice di volatilità con questa strategia.

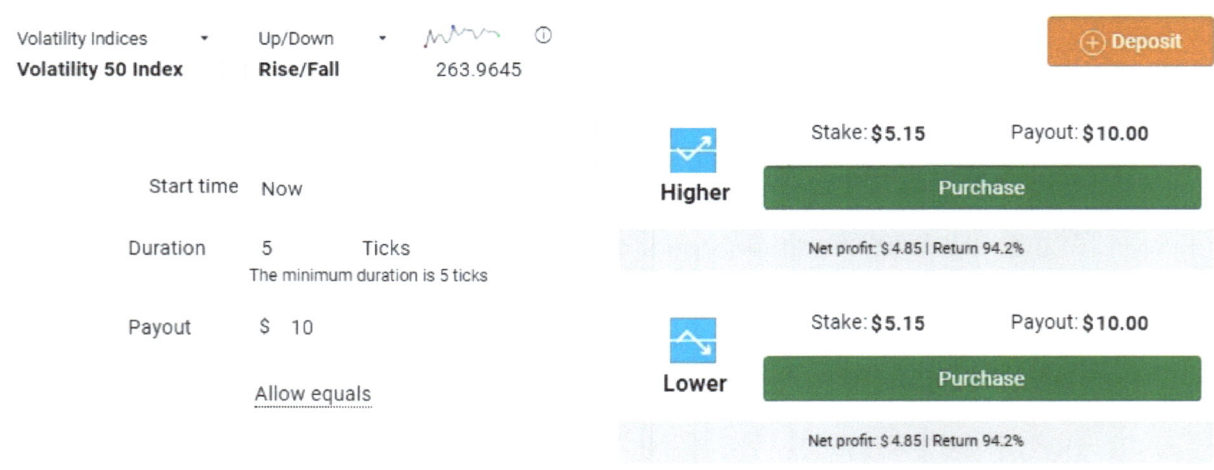

Questa è una strategia di zecca. Scegli Up / Down e Rise / Fall. In base alla durata, scegli 5 tick, imposta le tue puntate o l'importo dell'investimento e puoi acquistare più alto o più basso.

Nella figura sopra, puoi vedere la linea che ho indicato con la freccia rossa? Questo è il worm grafico. Ha quattro parti. La piccola parte rotonda rossa, blu e verde. L'estremità estrema ha la testa rotonda verde come un verme. La quarta parte è il prezzo del display a colori 264.0470 come visto sopra. Vedi l'immagine qui sotto

La freccia rossa indica la parte rotonda. La freccia blu indica la parte rotonda e la freccia verde indica la testa del verme.

Regole di questa strategia

Il nostro obiettivo è la testa del verme e il prezzo del display a colori che deve essere BLU o ROSSO. Quando la testa del verme diventa ROSSO, conta il successivo prezzo di testa e di visualizzazione del colore successivo. Se il successivo prezzo di testa e colore successivo è ROSSO almeno 3 volte senza nessun altro colore intermedio, devi essere pronto a prendere la tua posizione (in questo caso UP). Quindi, quando questo si verifica, il colore successivo che viene visualizzato è BLU, immediatamente fai clic su Più alto.

MA se la testa del worm è BLU, conta il successivo prezzo di visualizzazione del numero di colori successivi, se BLU consecutivamente senza nessun altro colore si interspassa in mezzo. Quindi preparati a prendere la tua posizione che è INFERIORE. Quindi in questo caso, immediatamente viene il colore successivo che è ROSSO, fare clic su INFERIORE.

Si prega di notare, il prezzo del display a colori o la testata del BLU indica UP o superiore mentre il colore ROSSO indica Down o Lower

Vediamo un esempio,

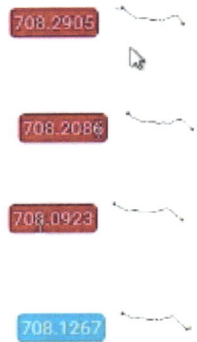

Come puoi vedere dall'istantanea sopra.
Il prezzo del primo display a colori era RED insieme a un worm grafico di RED head. Il prossimo numero di colore immediato era ROSSO con il verme ROSSO. Questo fu seguito immediatamente da un altro numero di colore ROSSO con un altro verme con la testa ROSSA.

Una volta che vedi tre colori di visualizzazione del colore e testa dello stesso colore consecutivi senza un altro numero di colore o una testa in mezzo. Preparati a prendere posizione.

Ora, puoi vedere che il quarto numero era BLU con una testa VERDE. Non importa. La sequenza di numeri è stata soddisfatta con i tre precedenti numeri ROSSI e la testa in sequenza. Fatto ciò, clicca su SUPERIORE.

E si ricorda che immediatamente il prezzo del display a colori è cambiato in BLU. Fai clic su SUPERIORE contemporaneamente.

Lascia che ti mostri un altro esempio.

Le teste BLU si presentano con il prezzo del colore BLU! Conta 1
Il secondo prezzo del movimento che viene dopo è ancora BLU! Conta 2
Il terzo prezzo del movimento che viene dopo è ancora BLU! Conta 3
Preparati a fare clic su INFERIORE dopo questo. Abbiamo già tre numeri BLU e una sequenza in sequenza che non è stata influenzata da un altro numero di colore.
E il prezzo del display a colori è ancora BLU, è ancora a posto. Nessun problema.
Dopo questo, il prezzo del display a colori cambia in ROSSO, quindi fai immediatamente clic su INFERIORE.

Lascia che ti mostri un altro esempio,

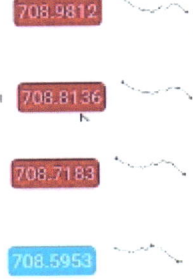

Le teste ROSSE escono con il prezzo del colore ROSSO! Conta 1

Il secondo prezzo della mozione che viene dopo è ancora ROSSO! Conta 2

Il terzo prezzo della mozione che viene dopo è ancora ROSSO! Conta 3

Preparati a fare clic su Posizione SUPERIORE dopo questo. Abbiamo già tre numeri RED e una sequenza in sequenza che non è stata influenzata da un altro numero di colore. Dopodiché, il prezzo del display a colori diventa BLU, quindi fai immediatamente clic su SUPERIORE.

Per esempio, se appare la testa ROSSA, e comincio a contare dalla prima testa ROSSA, se il prezzo del colore e la testa non sono in SEQUENZA (Disorganizzato), allora il conteggio non sarà valido. Lo ignorerò e cercherò un'altra sequenza migliore.

Gestione del denaro

Questa strategia funziona e ti aiuterà a guadagnare denaro dalle Opzioni Binarie di Volatilità facilmente che in valuta. Tuttavia, non esiste una strategia perfetta al 100%. Se una strategia ti aiuta a vincere 6 o 7 scambi su 10. È una buona strategia

L'altro aspetto chiave del trading è Money Management. In caso di perdite, devi essere pronto a utilizzare la strategia Martingale per recuperare le tue perdite.
Di seguito è riportato un formato di un MATINGALE di esempio che è possibile utilizzare per recuperare il capitale.
$0.5, $2.5, $6.25, $15.63, $39.07, $97.66.
Ciò significa che se scommetti $0.5 e perdi, nel prossimo trade input $2.5, se si traducono in perdite, nel prossimo scambio di nuovo metti $6.25 e così via in questo ordine ... In questo modo, sarai in grado di recuperare le tue perdite ed essere ancora in profitto dopo ogni negoziazione.

Si prega di notare che la posta è in funzione del vostro capitale. Puoi anche sviluppare il tuo stile di gestione del denaro a seconda del tuo capitale.

CAPITOLO TRE

Come fare trading Touch / No Touch

Per fare trading con Touch / No Touch avrai bisogno di Trading View Platform per ottenere il grafico.

Esistono due modi per ottenere la piattaforma binaria di Trading View.
(1.) Puoi andare direttamente a https://tradingview.binary.com/v1.3.11/main.html o
(2.) Vai su binary.com sul tuo browser e segui i passaggi seguenti

Clicca su Piattaforme come mostrato di seguito

Quindi fare clic su altri strumenti

Quindi fare clic su prova Trading View come mostrato di seguito

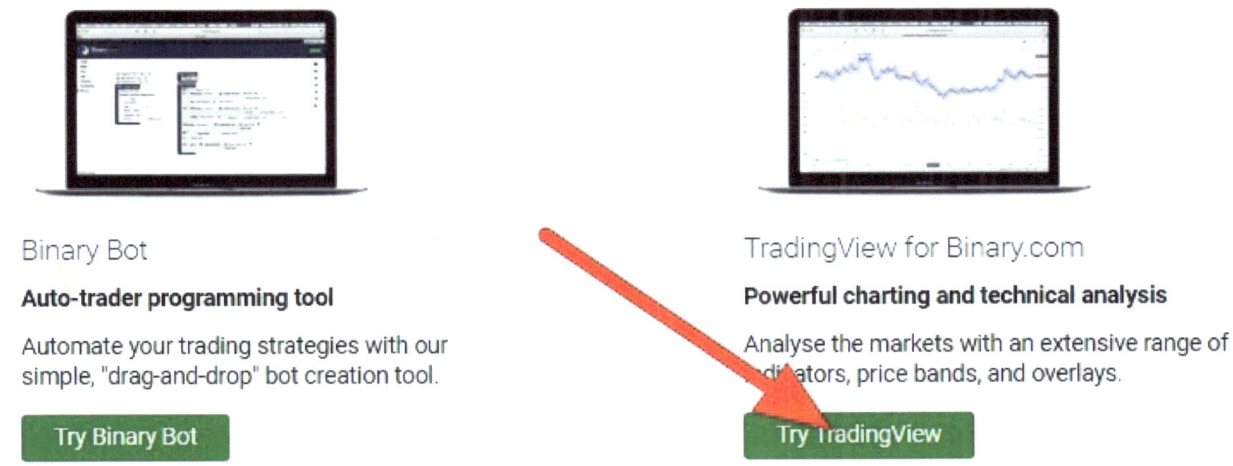

Il grafico si caricherà in questo modo

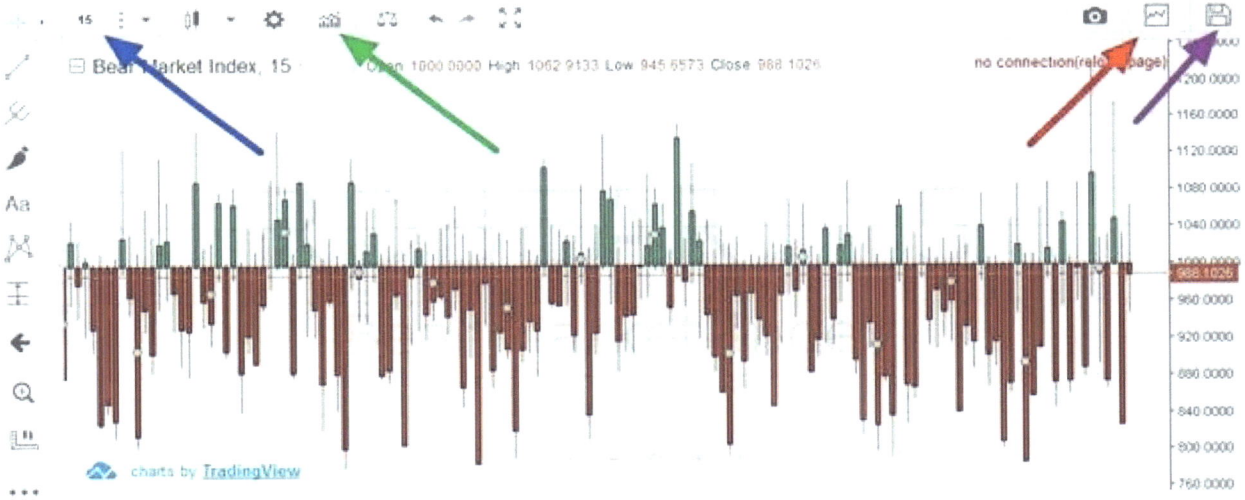

La freccia rossa indica dove ottenere lo strumento per il commercio. Quando fai clic su di esso, verrà visualizzata una pagina come questa di seguito e potrai scegliere Bear o Bull Market.

La freccia verde è dove scegliere gli indicatori.

La freccia blu è dove scegliere l'intervallo di tempo che potrebbe essere 15 minuti per ore. E la freccia viola è dove salvare le impostazioni in modo da poter vedere quando si torna al commercio.

Vedere l'esempio dell'istantanea di seguito

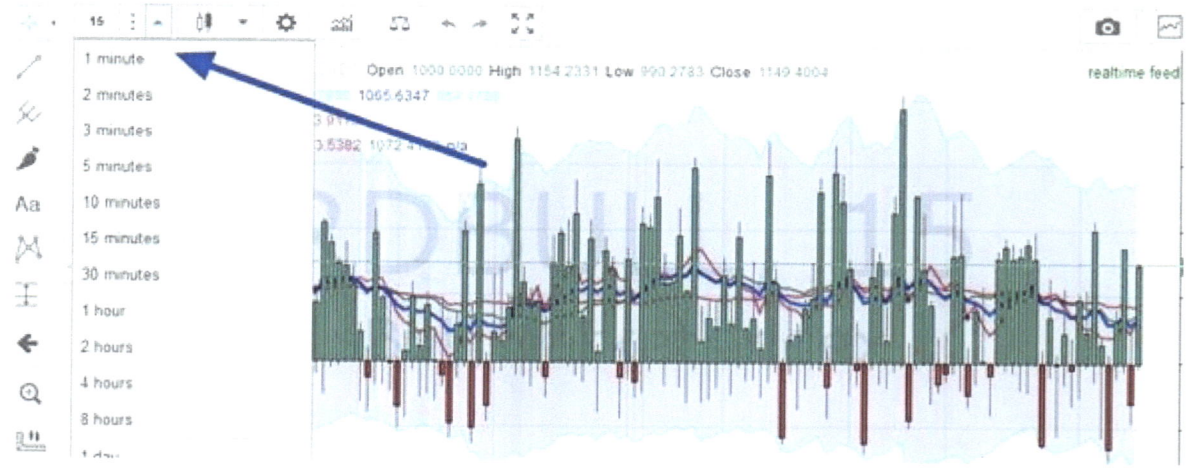

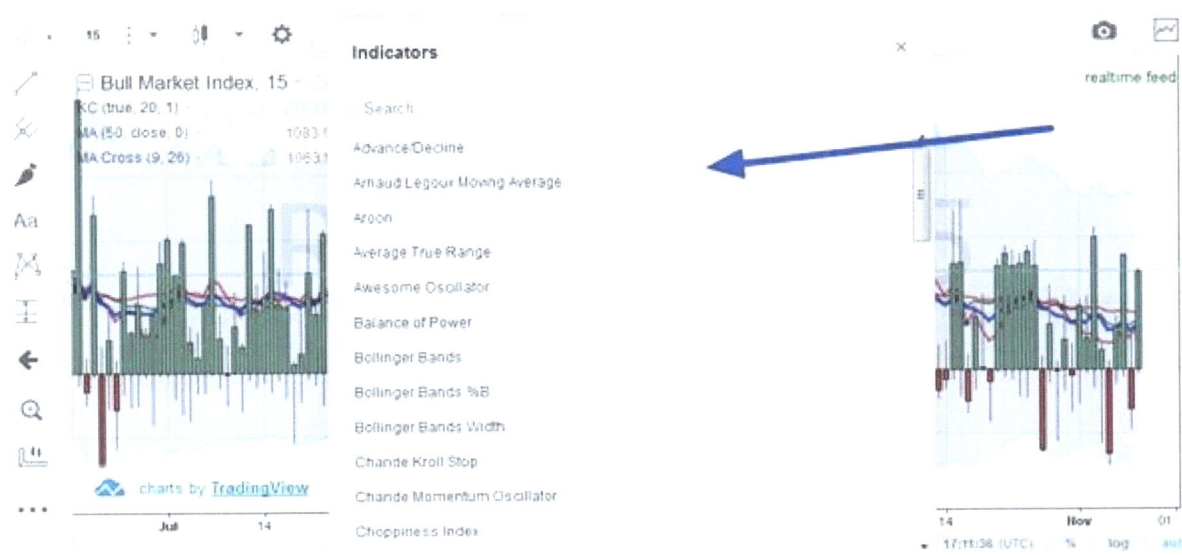

Una volta caricato il grafico. Ora configurerai i tuoi grafici con due indicatori per la nostra strategia.

Il primo è la media mobile e il secondo è il canale di Keltner.

Per le impostazioni della media mobile

Scegli Media mobile negli indicatori e inserisci i dettagli come mostrato di seguito.

Faremo uso di Moving Average 20 e Moving Average 50.

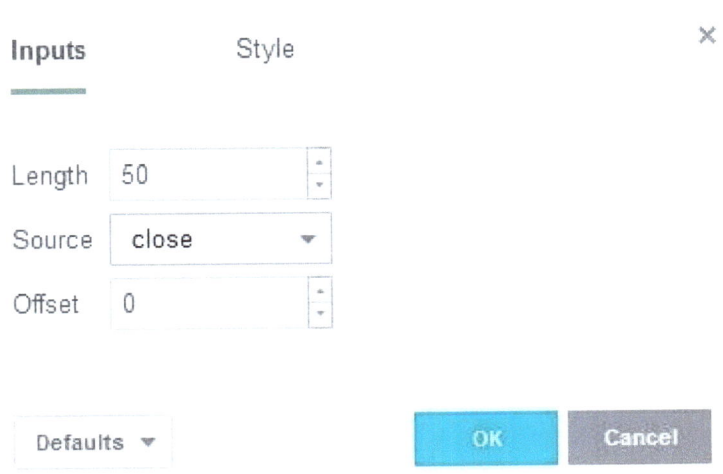

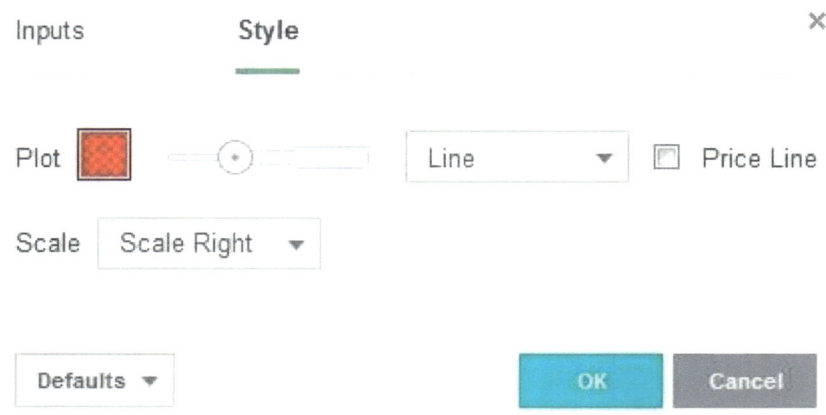

Usiamo Red Color per Moving Average 50. Una volta fatto. Aggiungi anche Moving Average 20. Puoi scegliere qualsiasi colore a tua scelta. Clicca Ok. E sarà inserito nel tuo grafico.

Per le impostazioni del canale di Keltner

Scegli Keltner sotto l'elenco Indicatore e compila i dettagli come mostrato di seguito. Stiamo usando 20 sotto la lunghezza come mostrato di seguito. Per favore prendere nota.

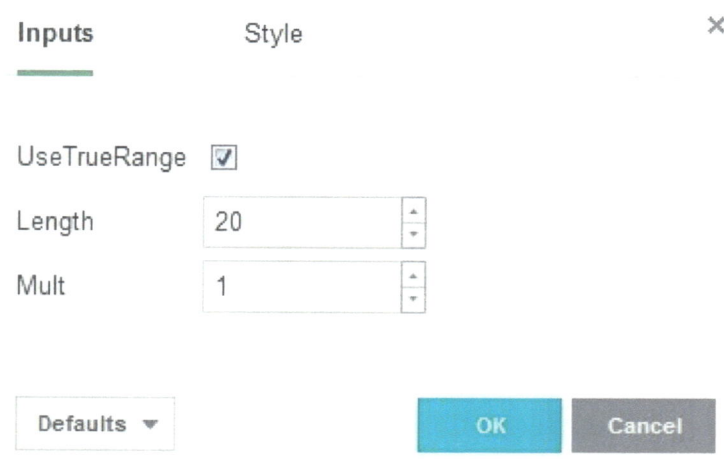

Puoi fare clic su Stile per cambiare il colore delle linee. Kelter funziona come una Bollinger Band che ha tre linee. A ciascuna di queste linee può essere assegnato un colore diverso in base alle proprie preferenze.

Vedi sotto

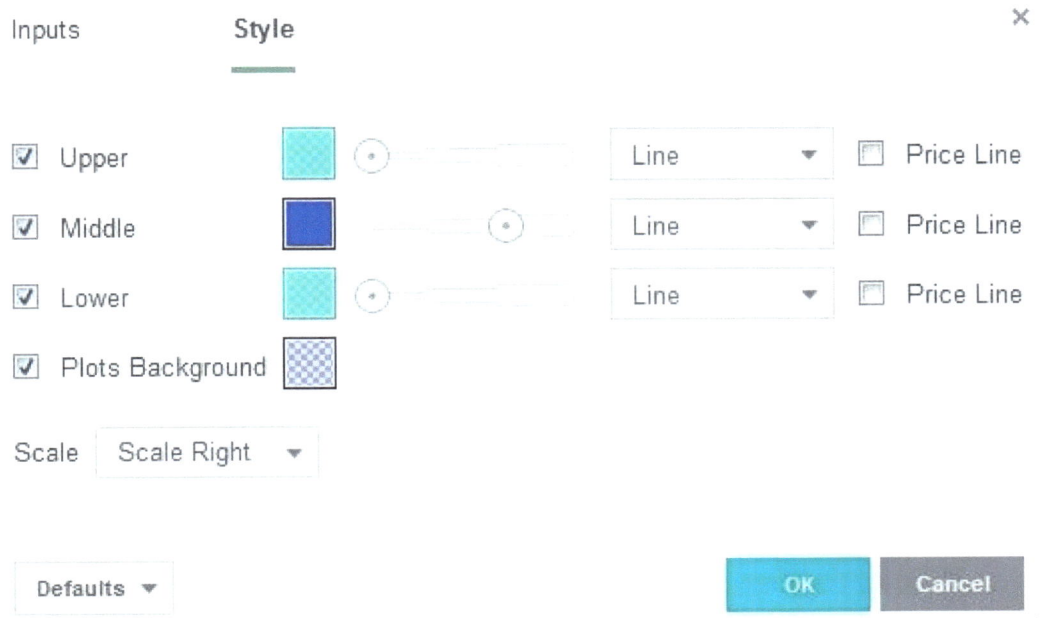

Quindi fare clic su SALVA per salvare le impostazioni come modello che è possibile aprire in seguito quando si è online per il commercio.

Ora cambia il tuo timeframe a 15 minuti o 30 minuti o 60 minuti. Questo cambierà il grafico predefinito in cui hai istogramma in un grafico come questo di seguito

La piattaforma di trading

Parliamo della piattaforma di trading

Clicca sugli indici di volatilità. Scegli Bear or Bull Market.

Quindi cambiare da Rise / Fall to Touch / No Touch

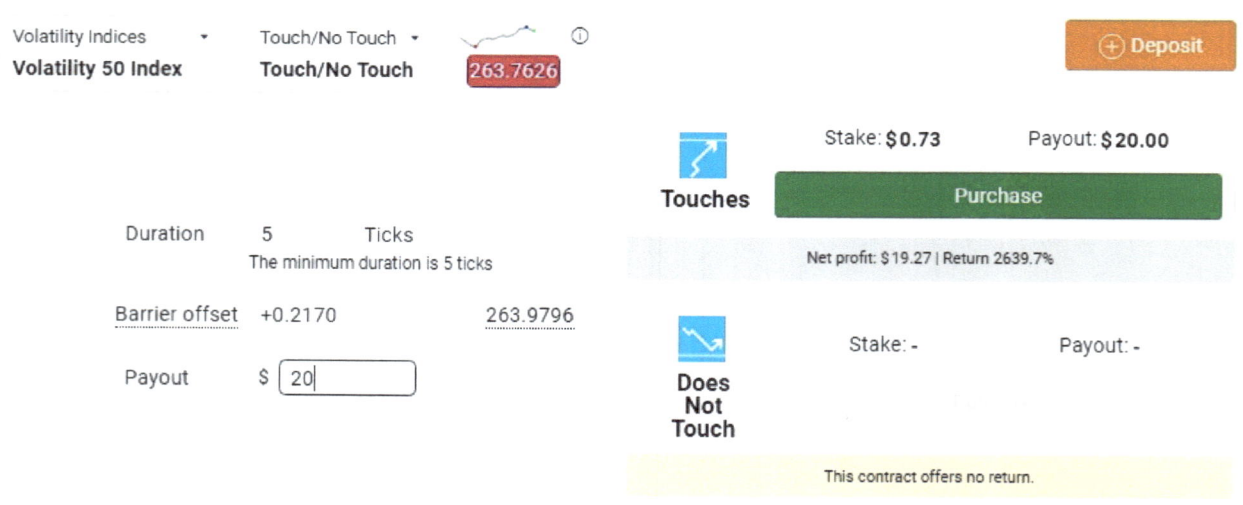

Durata: il periodo di tempo che anticipi il tuo trade durerà o vorrà che il tuo trade scada. Può essere da 1 minuto minimo a 15 ore

Offset Barriera: è come il tuo Stop Loss nel Forex. Questo broker ti fornirà sempre una barriera predefinita. Nella maggior parte dei casi, questa barriera è molto vicina al tuo ingresso. Tutto quello che devi fare è cambiarlo alla tua barriera.

Quando cambi la barriera, noterai anche che la tua puntata aumenterà mentre la tua vincita diminuirà o viceversa. La barriera predefinita ti dà sempre un pagamento enorme con una puntata molto bassa. Ma una volta ridotta la barriera, la tua puntata aumenterà e il pagamento diminuirà

Tocca: in questo caso, si prevede che il mercato toccherà un determinato livello di prezzo durante un periodo di tempo.

Non tocchi: in questo commercio, si prevede che il mercato non toccherà la barriera (livello dei prezzi) durante un determinato periodo di tempo.

Diamo un'occhiata a come fare trading con Non toccare utilizzando Moving Average e Keltner Channel Strategy.

Non tocchi strategia commerciale

In questa sezione, ti mostrerò come fare trading su Non toccare con i canali di Keltner. Tuttavia, tieni presente che puoi applicare il principio alla base di questa strategia per negoziare UP / DOWN (Rise / Fall). Non limitarti a Non toccare. Puoi usarlo per scambiare Rise / Fall pure. Il motivo per cui ti insegno Non tocchi è perché se lo fai nel modo giusto, puoi facilmente guadagnare più soldi perché ti offre un

Rendimento d'investimento più alto del 300% e oltre rispetto a Rise / Fall che ti offre 30, 35% atimes o anche meno.

MERCATO DELL'ORSO

La natura del mercato dell'orso è di aprire in alto e negoziare più in basso. Ciò significa che si aprirà o si aprirà sempre al di sopra del prezzo di chiusura del giorno precedente, si radunerà per raggiungere un massimo e poi cadrà per il resto della giornata. Questa natura ci dà un vantaggio nel conoscere la tendenza di questo mercato, che è sempre ribassista.

Come potete vedere dal grafico qui sopra, il mercato si apre in alto sopra la chiusura del giorno precedente (a partire da 00GMT), scambiato più in alto e sceso per il resto della giornata. Puoi controllare il grafico per confermare questo. Si prega di controllare la freccia rossa. È utile per descrivere dove si apre il mercato e come si raccoglie il massimo del giorno prima che cada.

Quando scambiamo il mercato Bear, stiamo prendendo i nostri segnali commerciali solo sulla base della candela ribassista.

In questo caso, stiamo operando in linea con la tendenza: essere un mercato orso. Come già sappiamo nel Forex, la tendenza è tua amica. Non scambiare contro la tendenza.

La strategia dei canali di Keltner

Le impostazioni devono essere impostate su 20, 1 come mostrato sopra nella pagina precedente.
Ci sono due modi in cui puoi scambiare questa strategia. Può essere per una durata breve o lunga.

Per il commercio a breve durata

In questo caso, utilizzerai un intervallo di tempo (grafico) di 15 minuti o 30 minuti per ottenere il segnale. Il tempo di scadenza (che è la tua durata) può essere impostato su 30 minuti o 60 minuti a seconda di te.

Per il commercio a lunga durata

Imposterai la tua durata come 4 ore, 5 ore ecc.

Come fare trading sui canali di Keltner

Ci sono due modi per scambiare i canali di Keltner.
(1) Puoi scambiare candele provenienti dall'esterno del bordo superiore dei canali di Keltner e chiudere sotto la linea di confine superiore o su di essa.
(2) Puoi anche scambiare la banda media dei canali di Keltner

La strategia di frontiera superiore

Quando la candela ribassista proveniente dall'esterno del bordo superiore dei canali di Keltner si chiude all'interno dei canali di Keltner (vicino al bordo superiore o su di esso). Quindi ci aspettiamo che le candele o gli scambi tenteranno di toccare la banda centrale dei canali di Keltner.

In tal caso, inseriamo DOES NOT TOUCH Trade e impostiamo la nostra barriera come +6 del valore predefinito. Se il valore predefinito è +2,453 lo cambieremo a +6,453. Un altro modo per ottenere la barriera è posizionare il cursore su 1 o 2 punti sopra la candela di segnale. La candela del segnale è la candela che attraversa o chiude al di sotto del bordo superiore dei canali di Keltner. È la candela a darci un indizio o ad andare avanti che sì, puoi piazzare il tuo commercio ora.

Si prega di notare che la barriera è come impostare il vostro stop loss nel mercato forex.

Si prega di controllare le frecce nella tabella qui sotto per le transazioni di esempio

Bear Market Chart

Questo grafico ha solo l'indicatore dei canali di Keltner

Un altro esempio di transazioni di seguito

Questo grafico ha tutti e 3 gli indicatori visualizzati.

Puoi vedere dal grafico sopra che il mercato o le candele provenivano da un punto esterno al confine superiore (dal più alto) e scende più in basso nei canali di Keltner.

Se osservate attentamente le tabelle sopra, noterete che il mio intervallo di tempo è 1 ora. L'ho usato solo a scopo didattico. Usa il grafico a 15 o 30 minuti per scopi di trading.

E voglio aggiungere questo, quando una transazione si innesca sul tuo grafico di 30 minuti o di 15 minuti, puoi aprire il tuo grafico di 5 minuti per scegliere la tua voce. Questo perché, ci sono volte in cui il mercato si ripercorrerà verso l'alto prima che si muova nella tua direzione - che è quello di cadere. E se il ritracciamento è lungo, potrebbe colpire la barriera prima che prenda la direzione desiderata. Quindi a volte è meglio aspettare che il ritracciamento finisca nel tuo periodo di tempo di 5 minuti prima di piazzare la tua operazione DOES NOT TOUCH. In questo caso, il tuo commercio sarà sicuro e ridurrà le tue perdite.

La strategia della banda central

In un mercato degli orsi quando la candela ribassista si chiude sulla linea centrale o sopra di essa, il commercio (cioè le candele successive e successive) si muoverà verso il basso. In questo caso, inseriamo un trade DOES NOT TOUCH. E imposteremo la nostra barriera come +6 del valore predefinito come spiegato sopra.

Vediamo esempi commerciali

La linea della banda centrale è indicata dalla linea blu.

Up / Down (Rise / Fall) Strategia

Come ho detto prima, stiamo usando due Moving Average 20 e 50. In questo libro, Moving Average 20 è indicato con il colore nero mentre Moving Average 50 è in Red Color.

In un mercato degli orsi, ogni volta che le candele si chiudono sotto la linea Moving Average 20, il mercato cadrà per il resto della giornata fino alla chiusura del mercato. Ciò che questo significa è che la tendenza è diventata ribassista e ci aspettiamo che il mercato continui verso il basso in linea con la natura ribassista del mercato orso. Il mercato rispetta sempre Moving Average 20 e una volta attraversato e chiuso sotto, la natura del mercato è che tenderà ad abbassarsi per il resto della giornata.

In questa strategia, non piazzerai DOES NOT TOUCH Trade. Farai trading UP / DOWN (Rise / Fall).

Durata: imposta la tua durata a più di 5-6 ore a seconda del momento in cui rilevi il segnale.

Vedi esempi di seguito

Moving Average 50 Strategy (La linea rossa)

In un mercato degli orsi, ogni volta che le candele si chiudono sopra o sotto la linea Media mobile 50, la prossima candela o commercio si muoverà verso il basso. Lo stesso principio che abbiamo osservato in Moving Average 20 si applica anche qui. Qualsiasi chiusura al di sotto della media mobile indica un cambiamento di tendenza, e ci si aspetta che operino in linea con la tendenza. Il mercato rispetta sempre anche il Moving Average 50, e una volta che la candela lo attraversa e si chiude sotto, il mercato tenterà di continuare la sua caduta. Una volta che il tuo segnale di trading è innescato, piazza la tua trade su / giù (Rise / Fall) e imposta la tua durata

La freccia blu indica la perdita. Se si deve scambiare ciò, mi aspetto che sarà una perdita in quanto non si è mossa nella direzione prevista come previsto. Ma in tutto, guadagni ancora. Dal grafico, abbiamo 5 vittorie e 2 sconfitte.

MERCATO IN RIALZO

La natura del mercato toro è di aprire in basso e di commerciare in alto. Quindi è previsto che ogni volta che si apre, il prezzo scende al di sotto del prezzo di chiusura del giorno precedente e il commercio è più alto per il resto della giornata.

Dal momento che ci stiamo scambiando NON TOCCA, stabilirai la tua barriera. In questo caso, dal momento che è un mercato toro. Inserirai il segno negativo (-) -6, -9, -15 ecc nel valore predefinito che vedi sulla piattaforma di trading e stabilisci la tua durata. E.g Se il valore predefinito è 2.3456; lo cambierai a -6.3456. Ciò significa che prevedi che il mercato non toccherà la tua barriera oltre la durata impostata.

Esaminiamo le di esempio per ognuna delle strategie come discusso sopra

Keltner Channel Strategy

Dato che abbiamo a che fare con un mercato toro, stiamo osservando le Candele Rostose provenienti dall'esterno del Canale di Keltner, che attraversano il confine inferiore della Manica e chiudono al suo interno.

Guarda le frecce qui sotto

Puoi vedere dal grafico sopra che il commercio proveniva dall'esterno (provenendo dal basso del giorno) attraversa il confine inferiore, o vicino alla linea o sopra la linea e tendenza più in alto.

Una volta che vedi un segnale come questo, posizioni il tuo commercio NON TOCCARE. Imposta la barriera come negativa rispetto al valore predefinito e imposta anche la durata.

Trading della Middle Line di canali Keltner in un mercato toro

Ogni volta che le candele rialziste si chiudono sulla linea centrale rappresentata dalla linea blu o sopra di essa, è sempre previsto che continuerà a salire o salire. Una volta individuato, posiziona il tuo commercio NON TOCCARE.

Vedi le frecce qui sotto per gli esempi commerciali

Bull Market Chart

Strategia Moving Average 20 (La linea nera)

In un mercato toro, quando le candele si chiudono sopra la linea Moving Average 20, significa che la tendenza è passata alla tendenza Up, e ora puoi fare trading in linea con la tendenza. In tal caso, il mercato continuerà a manifestarsi per il resto della giornata. La sua natura sarà quella di andare più in alto fino alla chiusura del mercato.

Nota: in questo caso, stiamo scambiando su o giù (salita / discesa) per il resto della giornata.

Ogni volta che la candela rialzista incrocia la linea Media mobile 20 e chiude sopra di essa, questo è tutto per il giorno. Il mercato continuerà a crescere più in alto fino alla chiusura del mercato. Una volta individuato questo, posiziona il trade Up e imposta la durata per le restanti ore del giorno.

Esci dal tuo commercio quando ti ha dato il doppio della tua puntata o attendi fino alla chiusura della giornata se sei sicuro che non si annullerà.

Vedi esempi di seguito come indicato dalla freccia

Si prega di notare che per questa strategia. È necessario utilizzare 1 ora o grafico per ottenere il segnale per il trading.

Moving Average 50 Strategy (La linea rossa)

Lo stesso principio vale per Bull Market. In un mercato toro, ogni volta che le candele si chiudono sopra la linea Moving Average 50, il mercato continuerà a salire. Una volta che ciò accade, posiziona la tua rotta su / giù (salita / discesa) e imposta la tua durata

.

Io mostro la Freccia Blu sopra per indicare se avevi piazzato quella transazione, avrebbe portato a una perdita.

Una parola di cautela

Mi aspetterò che tu non inserisca ciecamente un mestiere. La prima cosa che devi fare è contrassegnare l'area di supporto e resistenza sul tuo grafico. Spero tu sappia cosa significano Supporto e Resistenza? Sono zone nei grafici in cui il prezzo che sta salendo può incontrare resistenza e fermare la sua direzione verso l'alto e cambiare verso il basso (Resistance) o zone in cui il prezzo che sta cadendo ha colpito il supporto e smette di cadere e inizia a comprare (Supporto).

Una volta che hai disegnato il tuo supporto e resistenza, ti imploro di ignorare qualsiasi segnale che ti chieda di posizionare il tuo trade superiore / superiore attorno a Resistance e il tuo trade Down / Lower attorno a Support. Quelle sono zone di pericolo che non faranno il tuo commercio per darti dei profitti.

Gestione del denaro

Utilizza la strategia Martingale per recuperare le perdite. Questo è il piano di gestione del denaro che stiamo utilizzando per recuperare le nostre operazioni in perdita ed essere ancora in profitto.

CAPITOLO QUATTRO

Come fare trading Digits Matches

In corrispondenza delle cifre si prevede di prevedere l'ultima cifra del prezzo dell'indice di volatilità dopo 5-10 tick. Ad esempio, vincerai dieci volte i tuoi soldi se prevedi che l'ultima cifra del quinto tick sarebbe 9 ed è così. Ma se prevedi 9 e il risultato è 8, perderai il tuo investimento. Questo sembra essere il più difficile, giusto?

Non ti preoccupare, ti darò la procedura passo passo su come guadagnare con la partita Digit.

Ho mostrato l'istantanea qui sotto.

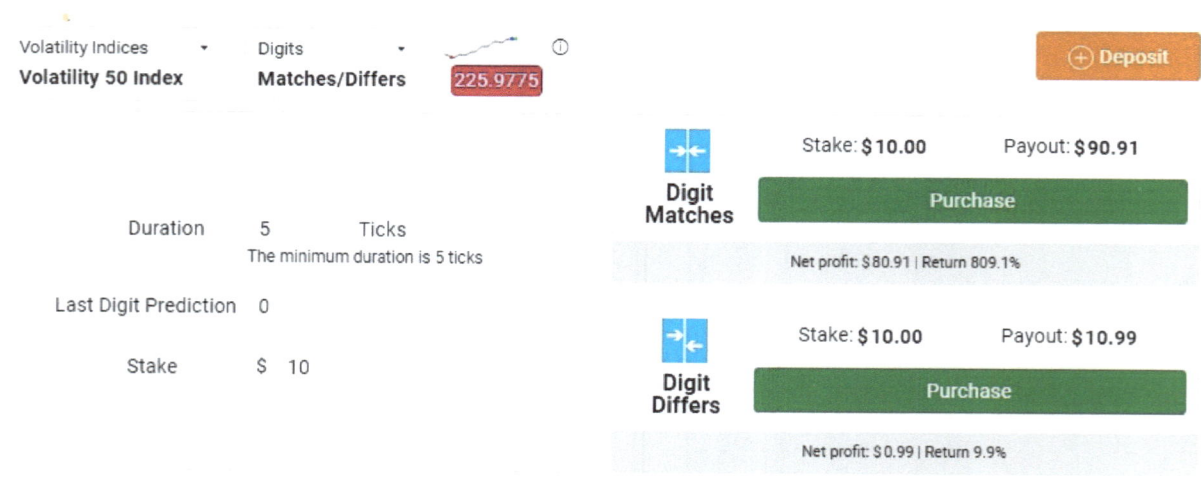

Una volta che fai clic su Indice di volatilità a tua scelta, che si tratti di 10, 25, 50, 75 o 100. Cambia la freccia su / giù per le cifre con le corrispondenze / differenze

Perché è molto facile prevedere Differenze (prevedendo che le ultime cifre del quinto tick non saranno un numero scelto), i ritorni sono molto piccoli.

Per ottenere il massimo da questa strategia, avrai bisogno di almeno $170 come capitale per iniziare.

Digits Matches Strategy

Dai un'occhiata alla tabella qui sotto. Capisci cosa significa? Ti spiegherò ogni colonna per te.

Prove	Palo	Costo	Fisso	Ritorna
1	$1	$1	$10	$9
2	$1	$2	$10	$8
3	$1	$3	$10	$7
4	$1	$4	$10	$6
5	$1	$5	$10	$5
6	$1	$6	$10	$4
7	$1	$7	$10	$3
8	$1	$8	$10	$2
9	$1	$9	$10	$1
10	$2	$11	$20	$9
11	$2	$13	$20	$7
12	$2	$15	$20	$5
13	$2	$17	$20	$3

14	$3	$20	$30	$10
15	$3	$23	$30	$7
16	$3	$26	$30	$4
17	$4	$30	$40	$10
18	$4	$34	$40	$6
19	$4	$38	$40	$2
20	$5	$43	$50	$7
21	$5	$48	$50	$2
22	$7	$55	$70	$15
23	$7	$62	$70	$8
24	$7	$69	$70	$1
25	$9	$78	$90	$12
26	$9	$87	$90	$3
27	$12	$99	$120	$21
28	$12	$111	$120	$9
29	$13	$124	$130	$6
30	$15	$139	$150	$11

PROVE

Questa è la quantità di prove che saranno fatte in cui ci si aspetta che i nostri successi o vittorie siano fatti durante le prove. Il nostro capitale di $170 ci regala il lusso di armeggiare dal processo uno al processo trenta; lungo il quale ci si aspetta che faccia un successo. La bellezza qui è che non importa dove facciamo il nostro successo, avremo sempre un profitto.

PALO

Puntare significa semplicemente la quantità di denaro che siamo disposti a investire o negoziare. Immagino che capirai meglio semplicemente guardando attraverso il tavolo.

COSTO

Questo è il valore cumulativo delle nostre puntate. Per il momento in cui effettuerai la tua prima prova, pagherai $1. Ma quando farai il tuo 11° processo, $15 sarebbero stati detratti dal tuo account.

FISSO

Il fisso qui indica l'ammontare che riceveremo quando facciamo un colpo. Ricorda che siamo pagati dieci volte la nostra posta. Quindi, i nostri FISSI in qualsiasi momento saranno le volte dieci della posta in quel particolare punto

RITORNA

Questo è il nostro profitto. Viene calcolato sottraendo il costo da FIXED. Ciò significa che se facciamo un colpo al 12° processo; il nostro costo è di $18. Perché scommettiamo $3 al dodicesimo processo, il nostro fisso; che è 10 volte la nostra posta sarà pari a $30. Pertanto, il nostro ritorno a questo punto, essendo FISSO meno COSTO equivale a $30 meno $18, che dà $12. Ciò significa che i nostri ritorni in quel particolare punto saranno $12.

Procedura

Alle partite di cifre, si prevede di prevedere dal numero 0 a 9, il numero che sarà l'ultima cifra decimale dopo il quinto tick. Una volta che la tua previsione è giusta, otterrai 10 volte la tua posta.

Comprendiamo come funziona già. Inserisci la tua scommessa, la tua previsione e fai clic su Acquisisci corrispondenze di cifre.

Adesso guarda di nuovo quel tavolo laggiù. Lassù, c'è "RETURNS" come colonna. Come ho spiegato, è il nostro profitto. Come?

Come ho detto, dovremmo prevedere l'ultima cifra del quinto tick. Ciò significa che avremo una probabilità di 1/10 (perché abbiamo dieci numeri da 0-9) e come tale, questo sembra molto difficile. Non sto dicendo che ti darò una magia di sapere quale sarà l'ultima cifra che uscirà correttamente. Ma ti darò una strategia che ti garantirà di essere sempre un vincitore anche se non hai previsto più volte. Tutto ciò che vogliamo è che prevediamo giusto una sola volta in circa 25 prove. Ciò significa che se prevediamo erroneamente per 16 volte e per la 17a previsione, prevediamo giustamente, avremo un profitto. Ciò di cui ti sto equipaggiando è quello che viene definito un rischio perfettamente calcolato. L'unico compito a cui tieni d'occhio è scegliere un numero compreso tra 0 e 9. Ogni altra cosa sarà risolta.

Il numero segreto

Sai abbastanza bene che dobbiamo scegliere un numero compreso tra 0 e 9 come nostra previsione che speriamo di essere l'ultima cifra dopo il quinto tick. Va bene! Ora, lascia che ti dia il numero segreto e la strategia segreta. I numeri sono 0, 1, 2, 3, 4, 5, 6, 7, 8 e 9. Di questi, naturalmente, dieci. Come puoi vedere, tutti hanno uguali probabilità. Ma a volte di solito vado per numeri più grandi. (5, 6, 7, 8 o 9) con ragioni inspiegabili. Inoltre, quando vai per questi numeri più grandi, a volte preferisco persino il numero tra loro (6 o 8).

Al contrario, se non hai alcuna conoscenza di alcun numero e vuoi associare realmente il tuo numero di scelta a qualcosa, allora questo potrebbe avere molto senso per te.

Guarda questa fotografia qui sotto

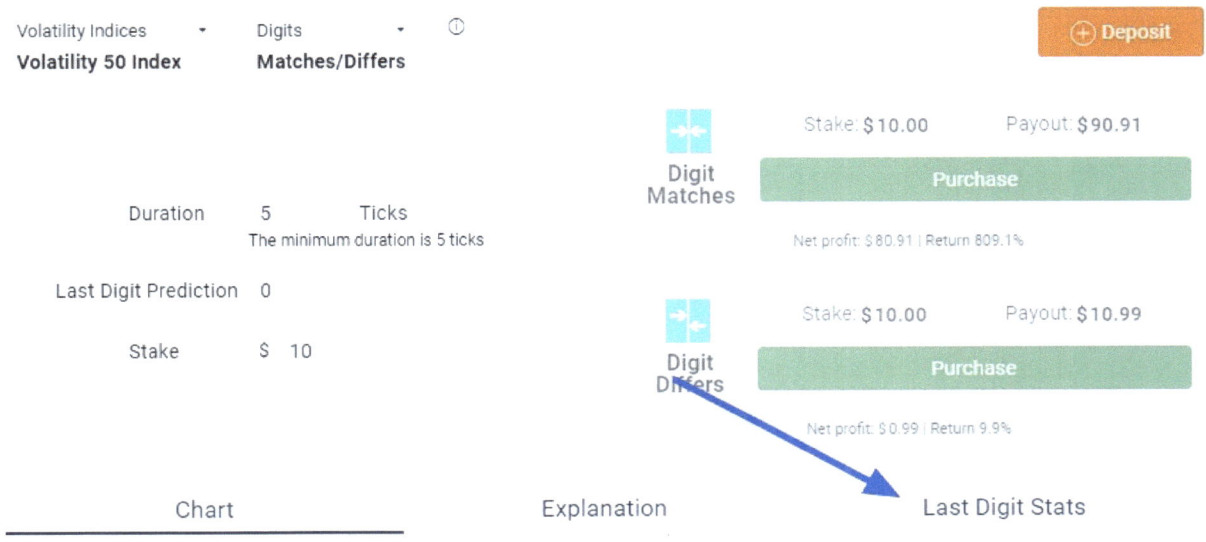

Fai clic su Statistiche ultima cifra come indicato con la freccia BLU. Questo significa statistiche. Se si fa clic su di esso, verrà visualizzato un grafico a torta che traccerà la frequenza di comparsa di ciascun numero compreso tra 0 e 9 per i segni di graduazione impostati. Puoi decidere di tracciarlo per gli ultimi 100, 200, 300 tick precedenti. Questo ti darà un'idea di quanto spesso ogni numero è apparso per i tick precedenti. Scegli per gli ultimi 100 tick se devi utilizzare le statistiche perché fornisce informazioni recenti. Si noti che il numero con la percentuale più alta è il numero che è apparso più negli ultimi 100 tick.

NOTA:

Il numero che scegliamo non è in alcun modo la nostra strategia. La strategia si trova nella formula tabulata. E nota che QUALSIASI NUMERO SCEGLI, NON DEVI CAMBIARE FINO A QUANDO NON HAI VINTO. Dopo aver vinto potresti decidere di usare un altro numero.

Devi ricominciare tutto dall'inizio fin quando vinci. (1a prova verso l'alto)

Ad esempio, se scegli 8. Alla tua prima prova, non viene mostrato (perdi il tuo $1); 2a prova, non ha mostrato (si perde un altro $1, guadagnando $ 2); fino alla settima prova (perdi un altro $1, sommando fino a $7) e se entro l'ottava prova, vinci, vincerai $10. Questo meno il costo accumulato di $8 ti lascerà con $2 di profitto.

Il punto qui è che non dovresti cambiare l'8 (la tua previsione) finché non hai vinto. Se hai il coraggio di cambiarlo, perderai i tuoi soldi. Dopo aver colpito, puoi scegliere di cambiarlo o decidere di continuare con esso. Ma, non cambiarlo mai quando una partita è ancora in corso senza una vittoria. Una volta che non lo cambierai, sono molto fiducioso che vincerai prima della tua 23a prova. Non importa quanto sia male. E ricorda, non importa dove fai il tuo successo, sei sicuro di ottenere il ritorno. Basta attenersi alla formula tabulata e lasciare che sia la vostra guida.

Un'altra nota di avviso è che questa strategia può essere utilizzata SOLO UNA VOLTA IN 3 MESI. Se lo usi questo mese e intendi provarlo il mese prossimo, non funzionerà. Ciò potrebbe essere dovuto al fatto che il broker osserva i nostri scambi e, una volta notata la sequenza di wining, cambierà l'algoritmo dei numeri. Non vogliamo giocare nelle loro mani.

Regole della strategia

- Apri sia l'account virtuale che l'account reale.
- Usa l'account virtuale per cimentarti con questa strategia.
- Assicurati di esercitarti con il tuo account virtuale e costruisci la tua fiducia molto bene prima di utilizzare l'account Real.
- Non appena sei pronto per prendere le puntate, imposta tutti i parametri come da istruzioni

- Deciditi sul numero che vuoi usare
- Una volta che inizi, non cambiare mai il tuo numero, non importa quanto tempo ci vuole per ottenere un successo; se lo fai, perderai.
- Non essere iperteso se non hai fatto un successo. Potrebbe arrivare alla 24a prova o anche di più.
- Non devi rilassarti nel mezzo della posta in gioco. Una volta che il risultato è uscito per la prima prova, inserire la seconda prova immediatamente e così via, fino a quando non si effettua il colpo. Ciò garantisce che non si rendano le prove indipendenti ma dipendenti l'una dall'altra. Questo accelera il tuo successo.
- Sulla base della nostra strategia, ci si aspetta che tu faccia solo 5 visite al giorno. Questo può essere raggiunto in meno di 15-20 minuti.
- Con 5 colpi al giorno, una media di $ 20 al giorno è certa. Questo dà $ 100 a settimana. Questo ti dà un obiettivo di $ 400 / mese.
- Non essere avido. Se scegli di essere, stai invitando problemi.
- Una volta che i 5 risultati sono stati effettuati per il giorno, disconnettersi e calcolare il profitto per il giorno.
- Se tutti questi sono strettamente aderenti, i tuoi $ 400 sono garantiti al 100% nel mese solo con questa strategia.

CAPITOLO CINQUE

Conclusione

Lasciatemi dire che i principi insegnati in Touch / No Touch possono essere usati per scambiare Up / Down (Rise / Fall). A volte il trading Does Not Touch potrebbe essere molto rischioso, in tal caso, applicare la strategia per scambiare Rise / Fall.

Tieni tutte le istruzioni in questo book e sarai stupito di come sarà il tuo mondo. Non essere avido e non essere mai pessimista. Inoltre, non essere pigro. Credo che questo book sia auto-esplicativo. Leggi attentamente ed entra in Internet per mettere in pratica tutto ciò che è stato insegnato in esso. Con questa guida, credo che tu possa iniziare con il tuo account virtuale entro 12 ore dalla lettura di questa guida.

Vi invito a provare le strategie di Trend Trading del mio amico elaborate nel suo libro [Opzioni Binarie: Guida passo passo a fare soldi dal trading di opzioni binarie.](#)

Ha discusso in dettaglio su Trend- come conoscere la tendenza sia manualmente che utilizzando gli indicatori e come è possibile scambiare il ritracciamento di qualsiasi tendenza in Opzioni binarie. Le strategie delineate possono anche essere utilizzate per scambiare indici di volatilità per SU / Giù (Salita / discesa) e Touch / No Touch. È un ottimo libro che ti aiuterà molto.

****

Grazie per aver letto! Se ti è piaciuto questo libro o l'hai trovato utile ti saresti molto grato se pubblicassi una breve recensione sul sito da cui acquisti questo book. Il tuo supporto fa davvero la differenza e leggo personalmente tutte le recensioni in modo da poter ottenere il tuo feedback e rendere questo libro ancora migliore.

"Grazie ancora per il vostro sostegno!"

www.ingramcontent.com/pod-product-compliance
Lightning Source LLC
Chambersburg PA
CBHW040407220526
45473CB00004B/1155